¿EN DIOS CONFIAMOS?

CUANDO EL REINO DE DIOS Y LA POLÍTICA COLISIONAN

POR MIKE GOLDSWORTHY

¿En Dios confiamos?
Cuando el reino de Dios y la política colisionan.

Por Mike Goldsworthy
Traducción: Fernando Soto

Dedicatoria

A los ancianos de la Iglesia Parkcrest

Gracias por animarme constantemente a seguir mis convicciones

CONTENTS

Apendice

INTRODUCCIÓN

Con seguridad su madre le ha dicho a usted que hay dos temas que nunca debe tocar en una fiesta para no ser maleducado: la religión y la política.

Estos asuntos son tan personales y están cargados de emociones que cuando aparecen en una conversación liviana se tornan en argumentos y peleas.

Así es que cuando decidí escribir este libro pensé "¿por qué no debo escribir acerca de religión y de política?". Me debería ir bien y no levantaría controversia alguna. Hagamos un trato: Probablemente voy a ofender a alguno de ustedes en algún momento a medida que lea las siguientes páginas. Si usted es un conservador, voy a ofenderle. No se preocupe: Si usted es un lib, voy a ofenderle también. Si usted es un libertario, un libre mercadista, o un socialista, puedo asegurarle que también le ofenderé. Gran parte del contenido de este libro deriva de una serie de sermones que prediqué en el 2012. Cuando prediqué estos sermones, alguien me dijo, "Ud. no ha hablado lo suficiente sobre el "Partido Por la Mitad". Si usted se considera miembro de ese partido, haré mi mejor esfuerzo para ofenderle también. Al escribir, he hecho algunas suposiciones que son fundamentales para mis argumentos. Creo que es importante primero reconocer estos supuestos.

Primera hipótesis
Las Escrituras son auténticas.

Tal vez usted está leyendo este libro, pero no cree que las Escrituras sean auténticas. Está bien, ya habrá espacio para que investigue y averigüe todo. Pero los seguidores de Jesús, creemos que Dios es nuestra autoridad y él nos ha manifestado esa autoridad a través de la Escritura.

Las Escrituras son el lugar en donde Dios ha transmitido su autoridad. Nuestra autoridad no es la Constitución o los padres de la patria. Los opinólogos políticos no son nuestra autoridad, ni lo es el presidente, ni el candidato de moda; la Biblia es nuestra autoridad. Ese es mi punto de partida.

Segunda hipótesis
El diálogo es útil.

En nuestro ambiente altamente politizado y polarizado, es muy difícil tener una conversación real. Una declaración espontánea, sin pensarse, se convierte rápidamente en un ciclo de noticias de 24 horas. Hablamos del asunto en todo momento. Usamos puntos memorizados cuando hablamos con otros. Queremos decirle a la otra persona lo que pensamos y esa persona no quiere el diálogo; lo que quiere es decirnos lo que piensa.

En octubre del 2012 la revista Time publicó un artículo de portada escrito por Michael Scherer que hacía referencia a un par de estudios fascinantes. En el 2006 Brendan Nyhan, de Dartmouth, y su socio de investigación Jason Reifler, que trabajaba en la Universidad Estatal de Georgia, descubrieron que si se toma un grupo de personas con una tendencia política en particular y se les muestran hechos que contradicen su postura política, la mayoría de ellos no creerán en esos hechos.

Nyhan y Reifler descubrieron que esto es cierto para las personas que se definen como políticamente correctas, lo mismo que para las personas que se declaran izquierdistas. Ningún grupo está abierto a considerar los hechos. Ambos grupos son reacios a la información que contradice sus narrativas políticas preconcebidas.

De hecho, el artículo de Scherer hace referencia a un segundo estudio realizado en el 2006 por Danielle Shani, investigadora graduada de Princeton, que he encontrado incluso más fascinante. Se demostró que mientras más políticamente informada e involucrada esté una persona, menos probable es que esté abierta a los hechos.

Usted tiene amigos que piensan así.

Cuanto más nos interesa la política y esas tendencias se integran en nuestra visión del mundo, más difícil se nos hace admitir que estamos equivocados o que el grupo con el que estamos afiliado está en lo incorrecto. Según Scherer,

> "... una buena solución a este problema sería tener acceso a más información objetiva. Sin embargo, la realidad es más compleja. Los investigadores han demostrado ... que la información falsa, una vez escuchada, se establece como creencia que hace eco y puede persistir incluso después de que se corrija la falsedad".

Cuanto más informado esté, menos inclinado estará para creer a los hechos que entran en conflicto con sus opiniones. Cuanto más informado esté usted, menos deseos tendrá de responder a los hechos que entran en conflicto con sus puntos de vista. Scherer escribe que en en el estudio de Shani "los que tienen más información tuvieron prejuicios 5.5 veces mayor que los que sabían menos".

¡Cinco veces y media!

Entonces, ¿qué nos dice esto? Esta información nos está dando a entender que no queremos el diálogo. Podríamos decir que queremos dialogar, pero lo que realmente queremos es que se nos diga que la dirección en la que vamos es la correcta ¿Quién ganó el último debate? Bueno, depende de cual es el relato que usted apoyaba antes de sentarse a mirar el debate.

Usted se esfuerza por encontrar personas que apoyen su argumento. Busca encontrar artículos de opinión que lo apoyen. Investiga para encontrar citas de individuos que apoyen su narrativa.

Pero ¿qué pasaría si usted descubre una manera diferente? ¿Qué pasaría si se da cuenta que todavía podríamos tener un diálogo real? ¿Qué pasaría si pudiéramos aprender a escucharnos?

Como cristianos, se supone que debemos ser personas que buscan la verdad. Jesús dijo, "Yo soy el camino, la verdad y la vida" (Juan 14: 6).

Parte de buscar a Jesús consiste en buscar la verdad. No andamos buscando una ideología política en particular o una narrativa política específica. Somos personas que buscan la verdad. Sería bueno ser un pueblo que busca la verdad sobre todas las cosas y por encima de nuestras ideas políticas y así poder tener una conversación civilizada. Quiero sugerir que podemos arribar a conclusiones diferentes, pero, porque somos buscadores de la verdad, seremos gente capaz de dialogar.

Tercera hipótesis
Este libro inicia una discusión.

Mi intención es estimular las conversaciones que enciendan otras conversaciones. Este libro está destinado a conseguir que hablemos. Lo que escribo aquí no pretendo que sea la palabra concluyente y final. No pretendo decir que esto es lo que la Iglesia cree y que todos los que sean parte de la iglesia tiene que aceptarlo.

Este libro no pretende eso.

Mi esperanza es que usted lea este libro de la misma forma que le pido a mi iglesia que escuche mis sermones: para comenzar una conversación en vez de terminarla.

Algunos están muy comprometidos políticamente. Usted tiene opiniones fuertes y está pensando, "no voy a dejar que alguien me diga qué pensar y cómo votar. El autor no entiende lo que está escribiendo. No tiene mucha experiencia. No ha visto lo que yo he visto".

Me han dicho estas cosas cada vez que me he ocupado de estas conversaciones. Lo que he aprendido es que para algunos de ustedes, que ya tienen su propia narrativa, no les importa lo que yo diga o lo que digan los demás. Usted no va a cambiar.

Hay miembros de mi iglesia que se desempeñan como funcionarios electos o que trabajan para los que están en la política. Hay otros que trabajan haciendo "lobby". Si usted es uno de ellos y ya tiene una idea política, es probable que tenga fuertes opiniones.

Algunos de ustedes se dedican moderadamente a la política. Se mantienen al día con ella. Ven la mayoría de los debates. Usted lee artículos sobre política pero no le dice a la gente lo que piensa. No discute en las redes sociales ni pone propaganda en el patio de su casa. Lo mantiene en privado, pero está bien informado e interesado sobre lo que acontece.

El resto de ustedes ha desactivado los medios sociales durante las temporadas electorales y ha dejado de ver las noticias. Llega a un punto que piensa "no quiero hablar con la gente en este momento porque se ponen tan pesados políticamente. No quiero lidiar con eso". Usted espera que todo va a pasar pronto y todo vuelva a la normalidad.

Independientemente de cuál de ellos le identifique a usted, quiero que sepa: Mi objetivo no es conseguir que vote de una manera determinada y tampoco es mi objetivo decirle que lo que escribo aquí es la respuesta definitiva. Mi objetivo es conseguir que tengamos conversaciones que tal vez usted no está teniendo actualmente. Quiero lograr que usted haga preguntas que tal vez usted no está haciendo. Si todo lo que logro es fomentar la conversación, para mí será una victoria.

CAPÍTULO 1. *Lo que deseamos oír*

La tentación de un pastor es decir o hacer cosas que no revuelvan el gallinero. A pocos meses de las elecciones presidenciales de de 2008 en EEUU, fui contratado como el pastor principal de la Iglesia Cristiana Parkcrest en Long Beach, California. Tomé la decisión, basado en un largo precedente de nuestra iglesia, de que durante la temporada de elecciones no haríamos comentarios políticos desde el púlpito.

Algunos miembros de la iglesia se molestaron bastante por eso. Tuvimos buenas discusiones e intercambios de correos electrónicos para explicar por qué, como iglesia, habíamos decidido eso. Sigo pensando que fue la decisión correcta en ese momento, pero también me doy cuenta de que en parte la gente estaba molesta porque aún no les había ayudado a encausar la conversación política. Había muchas voces, fuera de la iglesia, que estaban ayudando a llevar a cabo esa conversación, pero como iglesia no habíamos contribuido.

No lo habíamos hecho por varias razones. En primer lugar, yo no estaba bien preparado. No podía haber dicho lo que quería decir en ese momento. Después de pasar los últimos años pensando, orando y estudiando al respecto, hoy estoy mucho más preparado para expresar lo que quiero decir. Puedo decir con más confianza lo que entiendo que las Escrituras dicen en cuanto a la política. Sin duda, seguiré aprendiendo y creciendo en mis ideas y actitudes. Sin embargo, estoy seguro y convencido que ahora es el momento de hablar acerca de lo que entiendo como algo verdadero y claro con el fin de estimular la conversación.

La segunda razón es la siguiente: Confieso que me daba miedo hablar porque la gente se pone muy pesada y antipática. He descubierto que en la iglesia, si se habla de un tema en que la gente es apasionada y obstinada y uno no habla a favor de lo que creen, tienden a enojarse mucho. De hecho, hay una advertencia del apóstol Pablo a Timoteo, su joven aprendiz, que se me ha pegado en la mente. En 2 Timoteo 4, dice: "[La gente] se rodeará de maestros que les digan las cosas que tienen comezón de oír". En otras palabras, la gente va a encontrar maestros que sólo les van a decir lo que quieren que digan. Maestros que afirmarán lo que ya creen.

A veces la gente habla de este pasaje y dicen "esto es lo que los pastores están haciendo hoy en día. Están tratando de llegar a la gente fuera de la iglesia y por lo tanto sólo están diluyendo el evangelio para decirles lo que quieren oír". Eso no es en absoluto lo que Pablo está diciendo.

Él no está hablando de personas fuera de la iglesia. Pablo se dirige a los que están dentro de la iglesia. Él está diciendo que lo que va a pasar es que la gente en la iglesia va a escuchar a los maestros que dicen lo que ellos quieren oír ellos y que afirman lo que ya creen.

La tentación es buscar a un pastor o maestro simplemente para confirmar lo que ya piensan, lo que ya creen y afirmar su estilo de vida. Mi tentación, como pastor y autor, es hacer exactamente lo mismo y no molestar a los cristianos.

Escribo todo esto para hacerle saber de antemano que he superado el miedo y la preocupación por cómo reaccionará la gente a lo que tengo que decir, porque las Escrituras me han convencido.

Un día tendré que estar delante del Señor para dar cuenta de lo que hice a través de mis enseñanzas. Voy a tener que dar cuenta de la forma en que hablaba y escribía, y quiero estar delante de Dios un día juzgado por la forma en que prediqué mis convicciones de las Escrituras en vez de haber predicado lo que yo pensaba que la gente en la iglesia quería oír.

Así es que esto es lo que quiero pedirle que haga a medida que lee: Por favor, solamente escuche y no rechace lo que escribo porque esté en contra de las cosas que ya piensa o cree. Haga preguntas como: ¿Es esto bíblico? ¿Está esto de acuerdo con el carácter de Jesús? Esas son las preguntas que debemos preguntarnos como iglesia.

CAPÍTULO 2. *El fin no justifica los medios*

Cuando hablamos de política, lo que hay que entender es que todo lo que es político es aquello que llevamos a cabo para tener lo que necesitamos y queremos lograr como sociedad. Como individuo, usted tiene un fin que quiere lograr, una cierta meta o metas que se ha propuesto. Para muchos de ustedes, la forma de hacer política se centra en un efecto social particular que está buscando. Algunos de ustedes son apasionados en contra del aborto, otros se apasionan por cuidar de los inmigrantes ilegales, y otros se apasionan para que el gobierno defina de una manera determinada lo que es el matrimonio, otros tienen pasión por denunciar las condiciones de trabajo injustas o aumentar el sueldo mínimo o las libertades religiosas.

Independientemente de hacia donde nos lleven nuestras pasiones, lo que estamos haciendo cuando nos involucramos en el proceso político es usar los medios políticos para alcanzar fines específicos. La forma en que funciona el proceso político es esta: hacerse del poder, controlar e influir para tratar de promulgar leyes que obliguen a la gente a vivir de cierta manera que usted cree que es la mejor.

En la década de los 80 un grupo de cristianos evangélicos entendió que el sistema político de los EE.UU. podría utilizarse para lograr un fin social que ellos creían ser el mejor. Fundaron la Mayoría Moral, que esencialmente decían, *si podemos lograr que los cristianos evangélicos sean reconocidos como un importante bloque de votos, tendremos mucho poder y respeto en América. Podremos hacer que en este país las cosas se hagan de la forma que nosotros queremos que se hagan.* La Mayoría Moral ganó tracción y utilizó la política como un medio para obtener poder y control para avanzar en lo que ellos entendían ser el estilo de vida del reino. 1

Para muchos cristianos esto se convirtió en una expectativa normal, es decir, que nuestro objetivo es el de utilizar el proceso político para ganar poder y así producir la transformación de nuestra sociedad.

Es probable que no le sorprenda saber que Jesús tenía un par de cosas que decir acerca del poder y del control, y de cómo sus seguidores lo utilizan. Hay un relato de cuando la madre de dos discípulos de Jesús presionó para que sus hijos tengan influencia y poder. En respuesta,

"Jesús los llamó y les dijo: «Como ustedes saben, los gobernantes de las naciones las dominan, y los poderosos les imponen su autoridad." (Mateo 20:25).

Les dice que hay ciertas personas -asociados de los gentiles- que hacen esto: Sus gobernantes y altos funcionarios se enseñorean de las personas. En otras palabras, logran posiciones de poder y autoridad, y utilizan ese poder y autoridad para manipular, coaccionar y controlar a las personas hacia su fin deseado. Y para reiterar su punto, dice,

"… y los poderosos les imponen su autoridad".

Utilizan estas nichos de poder sobre los demás para que el pueblo haga lo que ellos quieren que hagan. Noten que Jesús no dice nada acerca del fin que persiguen. No dice nada acerca de los objetivos que están tratando de lograr. Por lo que sabemos, podrían tener en mente grandes metas. Quizás tenían los mismos objetivos para la sociedad que usted tiene. No estamos hablando de eso aquí. Lo que le preocupa al Señor es la forma en que se logran esos objetivos.

Lo que Jesús describe aquí es lo que Greg Boyd define como un "poder sobre" la estructura de influencia. En un "poder sobre" la estructura, un grupo (o una persona) ejerce su autoridad sobre los demás para conseguir que hagan algo.

Boyd habla de esto en su libro *El mito de una nación cristiana (Myth of a Christian Nation*[2]*)*:

> "A pesar de que viene en muchas formas, el reino de este mundo es, en esencia, un "poder sobre" la gente. En algunas versiones de este poder, los súbditos tienen voz en decidir quiénes serán sus gobernantes, como en los países de América, mientras que en otros países no se les pide la opinión. En algunas versiones de este poder los súbditos pueden influir en cómo sus gobernantes ejercen el poder sobre ellos. Por ejemplo, cuáles son las leyes que los van a regir, mientras que en otros países no lo hacen. Ha habido versiones de los reinos de este mundo que son democráticas, socialistas, comunistas, fascistas y versiones totalitarias, pero todas comparten esta característica distintiva: ejercitan "poder sobre" la gente".

En este tipo de estructura uno influye en la forma en que otros piensan y sienten al tratar de controlar el comportamiento. De alguna manera el comportamiento es controlado.

El comportamiento se controla a través del castigo y de las leyes. Tomemos un ejemplo práctico de mi vida. Cuando salgo de mi barrio hay una señal de tránsito que dice "No virar a la izquierda". El problema es que la autopista está a mi izquierda y me conviene hacer un giro a la izquierda en esa esquina. Un día en que iba tarde no quise obedecer y doblé a la izquierda. Cuando vi las luces azules y rojas en el espejo retrovisor experimenté lo que es sentir el "poder de otro sobre mí". Nunca más he hecho un giro a la izquierda al salir de mi barrio. Algunos que tenían autoridad determinaron que no querían que la gente doblara a la izquierda en esa intersección, y las multas que cobran como castigo cambiaron mi comportamiento.

El comportamiento se controla a través de cosas como las guerras y la muerte. Si quiero cambiar las decisiones que usted está haciendo, puedo amenazarlo o puede bombardearlo para forzarlo por medio de temores y amenazas a tomar decisiones diferentes. Ya sea que se utilicen los castigos o la guerra, la idea es hacerse del poder y usarlo sobre las personas para controlar su comportamiento.

El objetivo en este tipo de sistema es cambiar el comportamiento externo de las personas.

Jesús dice que esto es lo que hacen los gentiles. Para los judíos del primer siglo, gentil era una forma de describir a los que están fuera de la comunidad de Dios, o los que no se sujetan a los principios de Dios. Es otra forma de llamar a los paganos. Jesús describe lo que hacen: Consiguen posiciones de poder y autoridad para tener poder sobre los demás y controlar su comportamiento. Es posible que lo hagan para lograr buenos resultados, o tal vez quieran lograr malos resultados, no lo sabemos. Lo que sí sabemos es que se esfuerzan por conseguir poder sobre la gente.

Pero Jesús dice,

"Pero entre ustedes no debe ser así. Más bien, aquel de ustedes que quiera hacerse grande será su servidor; y aquel de ustedes que quiera ser el primero, será su esclavo.Imiten al Hijo del Hombre, que no vino para ser servido, sino para servir y para dar su vida en rescate por mucho".
(Mateo 20:26-28).

Básicamente lo que está diciendo es que los que se han inscrito para ser sus discípulos tienen que seguir reglas diferentes.

Jesús establece un contraste. Está diciendo que hay una manera para las naciones y otra manera para sus seguidores. Recuerde que Jesús no está hablando acerca del fin que se quiere lograr. Él está hablando específicamente acerca de la forma en que se logran los fines. Dice, conmigo todo gira en torno al servicio, al sacrificio y a entregar la propia vida.

Está diciendo que la forma de influir, la manera de que las cosas se logran en su reino, la forma en que se llega a un cierto fin, no es mediante la obtención del poder y el uso del mismo para controlar el comportamiento de la gente. En el reino del Señor es totalmente diferente. Su reino se trata de servicio, sacrificio y entrega de la vida.

Es posible que usted persiga metas correctas. Hay una manera de conseguirlas que se opone totalmente a Jesús, pero hay una manera de lograr los objetivos que se alinea con los principios de Jesús.

La manera del mundo, el modo de las naciones, es tener "poder sobre la gente". Se trata de conseguir cargos de autoridad para ejercer autoridad y poder para que la gente haga lo que usted cree que es mejor para ellos. Por otro lado, existe el camino de Jesús y su reino. Es una manera de influir en las personas a través del servicio, del sacrificio y de la muerte. Para Jesús los medios importan mucho. La forma en que usted alcanza sus metas, la manera en que usted consigue sus fines es muy importante.

Con demasiada frecuencia, cuando hablamos de la política y la iglesia, la política y Jesús, o la política y el reino, la conversación siempre se da en cuanto a conseguir un objetivo final. Todo se centra en el tipo de resultados que queremos ver. Si usted tiene ideas de derecha religiosa, sus objetivos finales son erradicar el aborto y el matrimonio homosexual, y si usted tiene ideas de la izquierda religiosa, sus objetivos finales son apoyar la inmigración, los derechos de los trabajadores y a los pobres.

Cuando se trata de política, las cosas son tremendamente polémicas entre los cristianos. ¿No será que estamos teniendo la conversación equivocada? ¿No será que la razón porque hay tanta pelea, incluso entre los cristianos, es porque seguimos hablando y discutiendo sobre los objetivos finales, asumiendo que la política es el medio por el cual deberíamos alcanzar esos objetivos? ¿No será que no hemos entendido que lo que realmente le preocupa al Señor es el medio de conseguir las metas? Para Jesús los fines son importantes, pero los medios para conseguir esos fines son también muy importantes. Estamos siendo utilizados por el sistema político y al final somos nosotros los que salimos perdiendo. ¿Qué pasa si la derecha religiosa se ha equivocado o si la izquierda religiosa se ha equivocado? ¿Qué pasa si no estamos teniendo la conversación correcta? Tal vez tenemos que replantear el marco a través del cual estamos teniendo esta conversación.

¿No será que estamos tratando de utilizar un sistema político para ver crecer el reino de Dios y propagarse, mientras que Jesús tiene otra manera diferente de hacer crecer su reino? Hay dos metáforas predominantes que Jesús usa para describir la forma en que su reino se extiende. Mateo nos lo relata:

Jesús les contó otra parábola: «El reino de los cielos es semejante a un grano de mostaza, que un hombre sembró en su campo. Sin duda, ésta es la más pequeña de todas las semillas; pero,

cuando crece, es la más grande de las plantas; se hace árbol, y hasta las aves del cielo vienen y hacen nidos en sus ramas.»
Jesús les contó otra parábola: «El reino de los cielos es semejante a la levadura que una mujer tomó y mezcló con tres medidas de harina, hasta que toda la harina fermentó.» (Mateo 13:31-33).

Él utiliza estas dos metáforas para describir la forma en que el reino crece. El Reino es como un grano de mostaza, la más pequeña de todas las semillas. Es algo que es pequeño, se planta, echa raíz y luego crece y crece y crece. También dice que es como la levadura, algo pequeño que al mezclarse comienza a trabajar dentro de la masa a la que afecta totalmente.

Estas metáforas utiliza Jesús para describir el crecimiento del reino y se refieren a algo pequeño que crece y crece, y algo que se introduce abriéndose camino. Jesús nunca describe su reino como algo que crece por la toma del poder. El reino no es descrito como algo que crece para conseguir que la gente actúe de una manera o forzarlos a actuar como súbditos del reino. Nunca se describe al reino como un movimiento de arriba hacia abajo. Siempre se ha descrito como algo que se edifica y crece.

Jesús se preocupa por cambiar los corazones y las mentes con el fin de cambiar el comportamiento. Es por eso que el reino se extiende como levadura o como una semilla de mostaza, pues se propaga de persona en persona, una a la vez. Se propaga a través de la transformación interior. Cuando Jesús cambia quién es usted, comienza a vivir de manera diferente, responde de manera diferente y se preocupa por cosas diferentes. Su comportamiento externo cambia, pero cambia como un desbordamiento de una transformación interior.

Esto está en oposición a la forma en que se mueve la política, pues esta trata de conseguir el poder sobre las personas promulgando leyes que obligan a la gente a cambiar su comportamiento externo.

Déjenme darles un ejemplo que ilustra cómo se ha hecho esto en los EEUU en el pasado de manera que seamos más objetivos el respecto al día de hoy.

La prohibición.

A finales del siglo XIX y comienzos del XX, muchos problemas sociales se relacionaban al mayor consumo de alcohol. Problemas como la disminución de la productividad de los trabajadores; aumento de la pobreza; maridos ebrios que abusaban de sus esposas y no mantenían sus hogares con ingresos estables; aumento de la delincuencia; aumento de la corrupción política. Estos males sociales se vincularon al mayor consumo de alcohol.

Nació un movimiento, en gran parte dirigido por pastores e iglesias3, llamado El Movimiento de la Temperancia. A finales del siglo XIX, los miembros del movimiento para eliminar el consumo del alcohol, debido al abuso y las consecuencias del mismo logró en 1919 la ratificación de la enmienda XVIII, que prohíbía la producción, el transporte y la venta de bebidas alcohólicas, 4, 5, 6

La enmienda entró en vigor en 1920 y los historiadores dicen que esto no se habría logrado sin el esfuerzo de los pastores, sin el apoyo de los cristianos y de sus iglesias. En cierto modo podría definirse como un triunfo. El consumo de alcohol se redujo a más de la mitad per cápita. Desafortunadamente, sin embargo, tuvo consecuencias no deseadas. Debido a esta ley, el delito y la corrupción se elevó significativamente y se creó una cultura en la que el número de bandas criminales organizadas aumentó también.

No sólo se pensó que la prohibición fallaría, sino que también se le faltaría el respeto a todas las demás leyes.7 Se determinó que la prohibición no estaba a la altura de llegar a hacer a Estados Unidos un país más seguro, más productivo, más moral o más próspero. En 1933 la enmienda fue anulada.8

¿Por qué no funcionó? Porque es imposible legislar la moralidad. No se puede legislar la transformación del ser humano.

Todos sabemos que el abuso del alcohol tiene importantes ramificaciones. Algunos hemos tenido experiencias con el alcohol que nos ha afectado la vida o la vida de las personas que queremos. Pero el error de los cristianos a principios del siglo XX fue que en vez de ayudar a las gente a conocer y comprender el significado de Jesús, y en vez de caminar con ellos a través de la conquista de sus adicciones, decidieron, en cambio, que la mejor manera de lograr esos resultados para el reino era utilizar el proceso político y ejercer el poder sobre la gente.

Hoy ni siquiera tenemos ese tipo de conversación, por lo menos acerca de prohibir el alcohol. Nadie en mi iglesia se me ha acercado y preguntado por qué no estamos haciendo presión para abolir el alcohol. Sabemos que la mejor manera de tratar con el asunto es a nivel individual con programas como "Celebre la Recuperación", porque así es como crece el reino. Crece como una semilla de mostaza. Crece como la levadura. No crece a través de leyes o de enmiendas constitucionales.

Hay ciertas formas en que los seguidores de Jesús vivimos, con comportamientos y metas que nos llevan hacia la forma de vida que aspiramos. Pero, a menudo lo que hacemos es utilizar la política como el medio para conseguir que otros vivan como nosotros. Cuando hacemos eso, ¿alguna vez nos detenemos a considerar el resultado? El resultado es que hay personas que viven así exteriormente, pero no tienen una transformación interna real.

Las discusiones que los cristianos tienen sobre política se centran frecuentemente en estas preguntas: *¿Cómo podemos utilizar el proceso político para lograr lo que queremos? ¿Cómo lograremos las cosas que queremos?* Tal vez, antes de hacernos esas preguntas, primero deberíamos preguntarnos: *¿Es este el mejor sistema para tratar de lograr los resultados para el reino?*

Volvamos a Jesús. ¿Con quién fue que Jesús tuvo los mayores conflictos? Fue con los líderes religiosos de su tiempo, más específicamente con los fariseos y los maestros de la ley. ¿Cuál fue su mayor problema con ellos? Una y otra vez Jesús les reclamó que exteriormente su comportamiento era el correcto, cumplían todas las leyes, pero ¡su corazón está lejos de mí!

Jesús fue bastante duro con los fariseos y les dice:

»¡Ay de ustedes, escribas y fariseos, hipócritas! Porque son como los sepulcros blanqueados, que por fuera se ven hermosos pero por dentro están llenos de carroña y de total impureza. Así también ustedes, por fuera se presentan ante todos como hombres justos, pero por dentro están llenos de hipocresía y de maldad. (Mateo 23:27-28).

Él les dice que son buenos para las cosas externas. Son buenos para observar la ley. Están haciendo todas las acciones exteriores correctamente, pero no les importa el cambio interno. De hecho, justo antes de esto, en Mateo 23, se refirió a estos "males" de los fariseos y doctores de la ley, y en esencia les dice: He aquí cómo cambiar: Limpien el interior primero. Cambien el interior primero. Tengan primero una transformación interior (Mateo 23:26).

Él usa la metáfora de una copa, diciendo: ¡Fariseo ciego! Limpia primero el vaso y el plato por dentro, para que también quede limpio por fuera (Mateo 23:26).

Lo que Jesús les está diciendo es que no cambien sus comportamientos y luego esperen que haya un cambio interno. Al contrario, cambien internamente y después el cambio se desbordará para cambiar la forma en que se vive exteriormente.

Si ese es el caso, ¿no será entonces que lo que estamos haciendo al usar medios políticos para lograr los fines del reino es crear una nación de fariseos?

Usted puede decir, *no, no, eso no es lo que estamos haciendo. Lo que pasa es que hay un sistema que podemos usar; ¿por qué no deberíamos usarlo? Lo usamos en sentido práctico. Es pragmático. Es la forma más adecuada para lograr los fines. Debemos utilizar todos los medios que están a nuestro alcance para lograr los fines del reino, porque el otro camino no es eficiente, es muy lento. Suena bonito, Jesús habló de semillas y de levadura, pero vivimos en el mundo real. No tenemos tiempo para esas historias. Aquí es donde vivimos la realidad, y la verdad es que tenemos que lidiar con estas cosas. Por eso debemos utilizar los sistemas de la cultura y del mundo para lograr nuestro resultado deseado, ya que es la forma más eficiente y más práctica de lograrlo.*

Una y otra vez Jesús se muestra muy despreocupado con el pragmatismo, para él son más importantes los medios. No se preocupa sólo de los resultados, sino de la forma para lograrlos. Jesús pensó que la manera de hacerlo no sólo debía ser importante para sus discípulos, sino que para él también. Vivió poniendo en práctica estos ideales.

En Juan 18 Jesús es llevado a juicio, falsos acusaciones se presentan contra él. Él podría haber reaccionado de alguna manera, podría haber utilizado la manera por la cual toda la gente logra sus objetivos. Él podría haber utilizado los medios del mundo y, honestamente, habría logrado la solución más práctica. Sin embargo, lea lo que dice:

"Mi reino no es de este mundo. Si lo fuera, mis
servidores pelearían para que yo no fuera
entregado a los líderes judíos. Pero ahora mi
reino no es de aquí "(Juan 18:36).

Jesus enseña que los sistemas mediante los
cuales opera su reino son sistemas y estructuras
completamente diferentes a las que operan en
los reinos del mundo. Él está diciendo que
podría usar esas formas para llevar a cabo su
meta, pero no lo hizo, porque su reino funciona
de forma diferente.

Lo que está comunicando es lo siguiente: La
forma en que los demás lo harían, es decir, la
forma conveniente, sería lograr que mis
seguidores se levanten contra los líderes y que
tomen las armas contra los que me han
apresado. Pero mi reino no funciona de acuerdo
con la forma normal de hacer las cosas.

Ha habido movimientos a lo largo de la historia
de la iglesia, como los hay hoy en día, donde los
cristianos eligen intencionalmente abstenerse del
proceso político, no porque estén cansados de la
retórica vacía o porque tendrían que elegir entre
dos opciones malas, como se oye que lo dicen
tantas personas. En cambio, se han abstenido
intencionalmente del proceso político porque

entienden que hacerlo sería apoyar los sistemas y las estructuras del mundo, que funcionan según las reglas del mundo y no según las normas del Reino.

No me propongo convencerlo a usted que tiene que llegar a esa conclusión al leer este libro. Tal vez algunos de ustedes van a terminar pensando así, pero no creo que ahí es donde tiene que llegar y no es lo que yo estoy defendiendo, y no es mi propia convicción.

He dicho esto para que sepa que estos movimientos han existido y existen en la actualidad. Se lo digo porque lo que hoy se dice en las iglesias es que "usted tiene una responsabilidad cristiana y el deber cívico de votar". Yo sólo quiero informarle que no todo el mundo cree eso. Existen seguidores de Jesús, reflexivos e inteligentes, que no están de acuerdo con esa declaración.

John Roth, al escribir sobre la tradición menonita en *"Elijo no votar"*, escribe esto como uno de sus argumentos a favor de elegir abstenerse de votar,

"... Los menonitas de América del Norte podrían elegir no votar como una especie de "disciplina espiritual" como un recordatorio tangible de que nuestra identidad última no depende del proceso político o depende de los poderes fácticos. En combinación con un claro compromiso con el cuidado de los enfermos, la alimentación de los hambrientos y la sanidad de las heridas de los que sufren, la abstención de conciencia de las elecciones presidenciales podría ser un poderoso símbolo de nuestra convicción de que el verdadero poder, el lugar primario de la mano de Dios en la historia, reside en última instancia en la iglesia reunida, no entre los responsables políticos en Washington DC "10

Ellos dicen que su deber y su responsabilidad como cristiano es abstenerse del proceso político porque al ceder a ese proceso usted se está rindiendo a los reinos de este mundo. Esta es una manera en que algunas tradiciones cristianas ven el proceso político, y tal vez vale la pena examinar algunos de los supuestos que usted haya creído o escuchado acerca de cómo los cristianos deben participar en la política.

Jesús dice que la forma en que su reino opera no es normal. De hecho, a menudo en el marco del reino, las mismas cosas que hacen que parezca que se está perdiendo, en realidad es una seña de que estamos ganando. La cruz es un ejemplo perfecto de esto. Cuando el apóstol Pablo habla de la cruz en Colosenses 2, específicamente habla de Jesús, diciendo,

> "Y despojando a los principados y a las potestades, los exhibió públicamente, triunfando sobre ellos en la cruz" (Colosenses 2:15).

La cruz es el momento del triunfo de Jesús. En la cruz se hace un espectáculo público de la poderes y autoridades, pero la mayoría de los observadores, los principados y las potestades, piensan que Jesús ha sido derrotado en la cruz. Sus seguidores lo han abandonado, los judíos proclaman la victoria y los romanos creen que ha muerto.

A veces, cuando usted mira las cosas a través de la perspectiva del reino, cuando pareciera que usted está ganando de acuerdo con los medios, las reglas y las costumbres del mundo, en realidad se dará cuenta que está perdiendo.

Jesús elige no hacer lo razonable, lo normal o lo esperado por todos, es decir, lo pragmático y práctico. En vez de hacer eso, Jesús opta por la cruz. El mismo símbolo que para todos significa pérdida, para él significa el triunfo. ¿Estamos cambiando la perspectiva del reino para intentar ganar en términos del mundo?

Casi nadie hoy pregunta si este sistema político es el camino correcto para lograr los resultados del reino. Estoy totalmente convencido de que Jesús no sólo se preocupa por los fines o los resultados que queremos lograr, sino que mucho más le importan los medios por los cuales llegamos a conseguir los objetivos, porque para Jesús, los medios importan.

Para Jesús, los medios importan.

Es por eso que el reino no se puede dar a conocer por medio del poder, la coerción y la fuerza. Jesús no se rinde ante los sistemas del mundo para alcanzar los objetivos de su reino. Es por eso que prefiere ir a la cruz para alcanzar sus objetivos. Se apropia del símbolo de la vergüenza y la falta de respeto para morir como un criminal común, porque el concepto de "triunfo" en el reino de Dios es diferente.

En el reino el triunfo es diferente.

A veces, en el reino, cuando parece que todo el mundo está perdiendo, en realidad estamos ganando. A veces, en el reino, cuando todos ven que estamos ganando, en realidad estamos perdiendo. A largo plazo, usar la política para tratar de legislar la moralidad no funciona. El reino de Jesús no se extiende de esa manera. A Jesús no sólo le interesan los fines; a él le importan mucho los medios por los cuales hemos de llegar a esos fines.

Ya que no conseguimos plenamente pensar de esa forma, a menudo elegimos el camino más práctico, la ruta que conduce a resultados rápidos, la ruta más obvia delante de nosotros. Y en parte, si somos sinceros, lo hacemos por miedo. Eso es lo que pasa en tiempos de elecciones.

El miedo es el arma principal que se usa durante las elecciones.

¿En Dios confiamos?

CAPITULO 3. *El miedo y la política*

La mayoría de la propaganda, ya sea sobre una política particular o sobre la elección de un político, se basa en lo que sucedería si se elige o se rechaza a esa persona, o qué sucedería si en un plebiscito gana el sí o el no. Basan toda la campaña en asustar a la gente. Son anuncios basados en el miedo sobre lo que podría suceder si uno vota en una dirección o en otra.

Hay una organización cristiana bien conocida que, en 2008, antes de que Barack Obama fuera elegido, escribió una carta que pretendía mirar cuatro años hacia atrás desde el 2012. Contenía 34 predicciones de lo que sucedería en 2012 si Obama fuera elegido presidente. Al leer la carta se puede concluir que cada una de esas predicciones tenía sus raíces en el miedo. Nada positivo había en la carta, todas las predicciones se basaban en el miedo.

Cuando se revisó esta carta en el 2012, se concluyó que de las 34 predicciones solo una se cumplió parcialmente y las otras 33 predicciones ni siquiera sucedieron. La carta no tenía nada que ver con el Evangelio de Jesús y ni de como vivirlo. No tenía nada que ver con la búsqueda de la verdad o tratar de predecir con precisión la

trayectoria de situaciones. La carta, lo único que
quería era perpetuar un determinado programa
político.

Si usted desea perpetuar un programa político,
solamente tiene que asustar a la gente para que
lo apoyen. Ya sabemos que esto es lo que hacen
los políticos. Si alguna vez ha visto los debates
presidenciales, si ha visto la propaganda, si
usted lee publicaciones políticas, si escucha la
radio, si ve los noticieros se dará cuenta que
gastan una cantidad excesiva de tiempo tratando
de asustar a la gente. Esto es lo que podría
suceder si esta persona es elegida. Esto es lo que
podría suceder si este plebiscito se aprueba o
desaprueba. En eso consisten los procesos
políticos.

Recuerdo cuando leí el excelente libro de David
McCullough sobre John Adams (Simon &
Schuster), y me di cuenta que estas mismas
tácticas se utilizaron cuando John Adams
derrotó a Thomas Jefferson. Debemos entender
que eso es lo que se hace en el proceso político
porque da resultado. Sobre eso se construye el
sistema, y es lo que se ha hecho desde los
primeros días del proceso político
estadounidense. Yo sólo le digo esto: La toma de
decisiones basada en el miedo es una forma

terrible de vivir, y nosotros estamos llamados a algo mejor. De hecho, así es como el apóstol Juan lo expresa:

En el amor no hay temor, sino que el perfecto amor echa fuera el temor; porque el temor lleva en sí castigo. De donde el que teme, no ha sido perfeccionado en el amor. (1 Juan 4:18)

Preste atención a lo que Juan está diciendo aquí. Dice que el amor perfecto (es decir, el amor que Dios ha revelado en Jesús), si usted lo ha experimentado, ese amor expulsa al miedo. No somos un pueblo que perpetúa el miedo, y no somos un pueblo que somos impulsados por el miedo ni somos manipulados por quienes toman decisiones por miedo.

Es posible que usted sea una persona apasionada y con un gran celo político. Usted está preocupado por ciertas causas o es candidato a un puesto político. Por lo tanto, la forma en que usted habla de política, los artículos que usted distribuye, los correos electrónicos que usted reenvía y las cosas que está publicando en las redes sociales, son todas basadas en la perpetuación del miedo. Si usted es así, tome un momento y revise su muro de Facebook y lea los últimos mensajes políticos que ha publicado. O encienda su canal favorito de noticias y preste atención a las historias que se cuentan y la forma en que las dicen. ¿Tienen eso relatos un trasfondo de miedo?

Una postura básica que debemos asumir los seguidores de Jesús es que no somos personas que perpetúan el miedo. Es posible que tengamos un propósito final en mente, pero a Jesús le interesan la manera de conseguir ese propósito. La forma en que usted trate de conseguir los objetivos tiene que basarse en la forma aprobada por Jesús, y no olvide que "el perfecto amor echa fuera el temor".

Durante las elecciones de 2008 en California se llevó a plebiscito la proposición 8 que prohibía el matrimonio entre personas del mismo sexo. Era un tema tan importante y causó mucha división estuviera usted o no involucrado en política, incluso si usted no vivía en California es probable que recuerde esa elección. Antes de la elección, y en medio de una campaña electoral muy cargada, recuerdo que fui a una reunión de pastores donde estaban tratando de convencernos de que lo que teníamos que hacer era involucrar a nuestras iglesias a favor de esa proposición.

Nos dijeron cosas como, "si esto no se aprueba las iglesias podrían perder su estatus de organizaciones sin fines de lucro. Si esto no se aprueba, los pastores podrían ser encarcelados. Si esto no se aprueba, nuestras iglesias y pastores podrían terminar siendo demandados". Insistían en una lista de cosas que se suponía que nos asustaría lo suficiente para que nuestras iglesias se involucraran en este asunto.

En nuestra iglesia en el 2008, no dijimos ni una sola palabra sobre la proposición 8 y no porque tuviéramos miedo de ofender a la gente, que es lo que algunos dijeron. No elegimos decir nada al respecto porque nos negamos y seguimos negándonos a ser impulsados por el miedo. Nos negamos a caer en los argumentos de la pendiente resbaladiza, que son casi siempre argumentos basados en el miedo, para manipular nuestra iglesia. El perfecto amor echa fuera el temor.

Sinceramente, no entiendo por qué los cristianos hacen tantas decisiones basadas en los esfuerzos para protegerse a sí mismos. En el Nuevo Testamento, la se esperaba que los cristianos sufrieran. La expectativa es que la iglesia será perseguida. No es que *algunos* cristianos sufrirán o que *algunas* iglesias serán perseguidos. La expectativa es que los cristianos van a sufrir y que la iglesia será perseguida.

No es que andemos buscando el sufrimiento y tampoco hacemos cosas intencionalmente para que nos persigan, pero me pregunto por qué gastamos tanto tiempo y energía, junto con recursos y finanzas, utilizando la política para tratar de evitar el sufrimiento. La expectativa en el Nuevo Testamento no es que evitemos el sufrimiento, sino que aprendamos a sufrir bien.

De hecho, me he dado cuenta de cosas como, por ejemplo, mi lucha no es para que las iglesias estén exentas de impuestos. Es del todo probable que en mi generación las iglesias pierdan ese privilegio. Es posible que en algún momento la gente no pueda deducir de sus impuestos lo que da a la iglesia. Y hasta pienso que podría llegar a ser algo bueno, ya que nos obligaría a hacernos la pregunta: ¿Estoy dando porque el Señor me llama a dar, o porque consigo un beneficio de impuestos al final del año?

Cosas como que esas no son mi campo de batalla. No voy a gastar energía luchando para tratar de asegurarnos de que las iglesias mantengan la exención de impuestos. No pelearé con el gobierno si nos dice que no se nos permitirá hacer ciertas cosas. No voy a luchar contra eso, pues nada de eso va a cambiar lo que hacemos, lo que practicamos o lo que creemos como iglesia.

No importa lo que se apruebe o desapruebe en una elección. En cuanto a mi iglesia, todavía seguiremos siendo la iglesia que Dios ha llamado a ser. No importa lo que sea legal o lo que sea ilegal. Todavía seguiremos las enseñanzas de las Escrituras. Nada de lo que ocurra políticamente nos hará cambiar lo que hacemos y lo que creemos.

Dejemos de tomar decisiones basados en el miedo. Dejemos de tomar posiciones políticas en un intento de inocularnos para que nada les pase a los cristianos o a la iglesia en general.

La realidad es que la iglesia se desarrolla en la persecución. Históricamente y hasta la actualidad hoy en día, los lugares en donde la Iglesia es perseguida es donde la iglesia está creciendo más rápidamente. La historia nos enseña que cuando la iglesia se liga fuertemente

al gobierno y se hace demasiado dependiente de
él es donde la iglesia muere con el tiempo.

Los despojos del poder

CAPITULO 4. *Los despojos del poder*

La iglesia no prospera donde hay comodidad. En su libro "¿Quién es este hombre?", John Ortberg dice, "Cuando la fe tiene demasiado dinero y demasiado poder durante demasiado tiempo se empieza a echar a perder, y el centro se desvía". En el mismo libro Ortberg dice, "los seguidores de Jesús se han comportado peor cuando han tenido el poder político que cuando han sido perseguidos por el poder político." 1

Estamos permitiendo que se nos use. Tal vez tenemos que hacernos preguntas serias acerca de las acciones que llevamos a cabo en la política. Tal vez en medio de la politiquería, disputas y presiones que surgen en cada elección, deberíamos dar un paso atrás y preguntarnos: Como pueblo del reino de Dios, *¿es esta la forma en que se supone que debemos lograr fruto para el reino?*

Algunos, muy astutamente, preguntan: ¿No nos da la Biblia instrucciones sobre cómo se supone que debemos relacionarnos con el gobierno? Sí, nos da sólo tres instrucciones básicas sobre cómo relacionarnos con el gobierno.

Primera instrucción: *respeta la ley.*

Respetamos la ley. Romanos 13: 1-7 trata acerca de someternos a las autoridades y, básicamente, trata de cumplir la ley. Habla de las responsabilidades básicas que tiene el gobierno y son esencialmente crear una sociedad estructurada y ordenada. Nuestra responsabilidad es la de someternos a las leyes gubernamentales, siempre y cuando no se contradigan con nuestra lealtad a Cristo.

Podríamos hablar mucho sobre el significado de cumplir las leyes, siempre y cuando no está en contradicción con seguir a Cristo y dónde no podemos cruzar la línea, pero ese no es el punto de este libro. Este es el punto más importante del pasaje: Somos llamados a cumplir la ley.

Segunda instrucción: *honrar al emperador.*

1 Pedro 2:17 nos habla de esto. El emperador es la persona que supervisa al gobierno, por lo que en nuestro sistema, el emperador es el presidente.

La pregunta para nosotros es, entonces, ¿cómo se refiere usted acerca de los candidatos presidenciales, es decir, aquellos con los que puede o no estar de acuerdo y que están compitiendo para ser nuestro presidente? Pedro dice que tenemos que honrar al emperador. Cuando Pedro escribió esto, estaba escribiendo en una cultura y en un momento en que no había democracia tal como la conocemos hoy en día, y habían funcionarios no elegidos democráticamente. Ellos no podían elegir a una persona para ponerla en el poder. Es muy diferente hoy en día.

Nuestro sistema de gobierno nos permite expresar nuestro desacuerdo con las personas que están en el poder. Se puede estar en desacuerdo con un político sin insultar o degradar a la persona. Usted puede demostrar su desacuerdo con lo que hacen y cómo gobiernan sin vilipendiarlos, sin ponerles sobrenombres, sin hacer acusaciones al voleo y sin hacer suposiciones.

En tiempos de elección simplemente reconozcamos que varias personas se están postulando y la forma en que hablamos de ellos sí importa. La triste realidad es que algunos lectores no están honrando a los candidatos. Usted puede no estar de acuerdo con ellos, pero debe hacerlo de una manera que les honra.

Durante las elecciones del 2012 en Estados Unidos, un autor y cantante cristiano, Carlos Whittaker 2, escribió en su blog la idea de iniciar un movimiento llamado "la oración al revés". Se reunían virtualmente a orar de esta manera: los partidarios de Mitt Romney oraban por Barack Obama, y los partidarios de Obama oraban por Romney. Pidieron bendiciones para la persona por la cual no estaban votando, pues entendieron que eso es lo que debe hacer un ciudadano del reino.

Esta es una postura que sostiene que el reino y sus valores son más importantes que mi partido político, y el reino y sus valores son más importantes que mi ideología política. Si usted tiene problemas para orar por el otro partido y tiene problemas para bendecir las vidas en el otro bando, tal vez usted tenga que preguntarse por qué le molesta tanto orar por los contrarios. Las personas formadas con los principios del reino oran por sus oponentes.

Tercera instrucción: *ore por nuestros líderes.*

1 Timoteo 2:1-2 nos enseña a orar por las autoridades. Es importante recordar que lo que está escrito en 1 Timoteo, en Romanos y en 1 Pedro, era muy subversivo en el momento en

que fue escrito debido a que el gobierno del primer siglo era, en gran parte, anticristiano. La meta de los cristianos de aquella época no era tratar de cambiar el gobierno para conseguir que se aprobaran leyes a favor de ellos.

Cuando hablaban acerca de ser perseguidos por causa de la fe, (Pedro habla bastante sobre el tema), Pedro dice que hay que honrar al emperador. ¿Se da cuenta de lo subversivo de todo esto? No era solamente un saludo a la bandera. No, se trataba de honrar al emperador.

Por cierto, el emperador de aquel entonces era Nerón. Fue quien martirizó a Pedro, Nerón utilizó a los cristianos como chivos expiatorios y fue él quien persiguió con más encono a los primeros cristianos. Nerón fue el que ataba a los cristianos a los postes en su jardín y los quemaba para alumbrar con ellos sus fiestas. Él fue el que llevó a los cristianos para ser devorados por bestias sólo por deporte, para el espectáculo público.

Pedro dice que debemos honrar al emperador. En esencia, esta es una manera subversiva de decir que los medios sí importan. Hay una forma diferente de vivir como ciudadanos del reino, e incluso, a medida que participamos en los sistemas que son completamente diferentes a Jesús y a su reino, sistemas como el gobierno y la política, debemos seguir viviendo como ciudadanos del reino de Dios.

En mi iglesia hace años nos comprometimos a mantenernos al margen de la política. No permitimos que se firmen peticiones de cualquier tipo. No hacemos campañas para registrar votantes. No distribuimos guías para los votantes. Como iglesia no marchamos ni a favor ni en contra de cuestiones políticas.

Hay gente que tiene problemas con esto. En cada elección hay algunos que tratan de cambiar nuestra decisión, diciendo: "Bueno, la iglesia tiene que ponerse de pie y defender estas cosas," sea lo que sea "estas cosas" para esa persona.

Así es como yo respondo: La iglesia está llamada a defender algo, y vamos a ponernos de pie por eso. La iglesia está llamada a defender a nuestro Señor Jesucristo. Eso es lo único que estamos llamados a apoyar.

CAPITULO 5. Asuntos de política cristiana

Tengo un amigo conservador, de derecha. Cada vez que tengo una conversación política con él siempre saca el tema del aborto. Es posible que usted conozca a alguien así. Tal vez usted mismo es esa persona. De hecho, este amigo me dijo una vez: "El aborto es el único asunto más importante para un cristiano y, al momento de votar, debe prevalecer sobre todo otro asunto."

El sostiene que el aborto es el único factor decisivo para votar por un candidato, independientemente del cargo para el cual se esté postulando. Las otras ideas o posturas que tenga el candidato (y vaya que tienen ideas) y el estilo de vida del candidato son de menor importancia. Mi amigo cree apasionadamente y de todo corazón que este debe ser el tema más importante para todos los cristianos, y todas las demás cosas son secundarias.

Cuando hablo con él al respecto, cita versículos que hablan del cuidado de Dios por la vida humana, de cómo Dios nos conoce antes de nacer, y sobre la preocupación de Jesús por los niños. Este amigo mío, de la derecha política, es un cristiano profundamente comprometido. Quiere vivir lo que Jesús le está llamando a practicar. Él cree que votar de esa manera viene de una profunda convicción cristiana.

Tengo otra amiga que es de izquierda. Cada vez que habla de política plantea que Dios se preocupa por los pobres. Ella nos puede explicar cómo, a lo largo de toda la Biblia, Dios tiene compasión y una inclinación especial por las personas en pobreza, y que tiende a alinearse con los oprimidos y los maltratados.

Cuando ella vota, mira a través de anteojos que filtran los candidatos que ella ve que tienen mayor preocupación por los pobres. Siempre votará por el candidato que proponga medidas que beneficien a los pobres. Ella dice que su candidato puede tener otras posiciones o posturas que no estén de acuerdo con lo que ella piensa. También podría ser que el estilo de vida de sus candidatos no esté de acuerdo con ella, pero lo que es más importante para ella es que el candidato se esté preocupando directamente de los pobres.

Cuando hablo con ella, me cita todo tipo de versículos que respaldan su postura y su posición. Esta amiga es una cristiana profundamente comprometida. Quiere vivir lo que Jesús le está llamando a practicar. Ella cree que votar de esa manera viene de una profunda convicción cristiana.

Aquí está la cosa: Estos dos amigos míos (ambos son profundamente cristianos comprometidos, ambos quieren vivir en los caminos del Señor) van a votar por candidatos completamente diferentes a sus convicciones cristianas.

Ahora, para ser justos, no quiere decir que mi amigo de la derecha no se preocupa por los pobres, pero él cree que hay otras maneras de preocuparnos por ellos diferentes a lo que piensa mi amiga de la izquierda. Por otro lado mi amiga de la izquierda se preocupa mucho de los niños no nacidos, pero ella cree que la mejor manera de cuidar de ellos es al nivel de solucionar la pobreza del sistema. Ambos, basados en sus convicciones cristianas profundas, votarán en direcciones totalmente opuestas.

Entonces, ¿qué es lo correcto?

Mencioné anteriormente que durante la elección presidencial del 2008 no hice ningún comentario político desde el púlpito de mi iglesia. En realidad eso no es 100 por ciento correcto porque sí dije una cosa. Un fin de semana, antes de cada servicio, salí a nuestro estacionamiento y conté las calcomanías de los parachoques. Conté las calcomanías de McCain/Palin y las de Obama/Biden. En cada servicio, hubo una cantidad casi igual para ambos bandos.

Así es que en cada uno de los servicios de ese fin de semana, al comenzar a predicar comentaba que había salido al estacionamiento y que había contado las calcomanías en los parachoques, y dije: "Me encanta que tenemos una iglesia en donde los partidarios de Obama y de McCain pueden reunirse y adorar juntos. Me encanta eso de nuestra iglesia". Por la reacción de algunas personas se podría pensar que yo había quemado la Biblia en la plataforma y que luego había bailado sobre la tumba del apóstol Pablo.

Los partidarios de Obama me dijeron que no había manera que un cristiano pudiera votar por McCain y me dieron una lista de razones. Los partidarios de McCain me dijeron que no había manera que un cristiano pudiera votar por Obama y me dieron una lista de razones. Lo que yo veía como un motivo de celebración, otras personas lo vieron como que la iglesia se estaba desviando. La dirección del desvío dependía del punto de vista de cada uno. Para ellos todo dependía de su particular punto de vista que ellos creían que era el más cristiano.

Pareciera que para los cristianos comprometidos todo se reduce a determinar cuáles asuntos son temas cristianos. Y si usted no sabe cuáles son esos temas cristianos, habrá un montón de gente en la radio que se lo dirá, y habrá un montón de gente que le enviará anuncios publicitarios para asegurarse de que sepa cuales son las verdaderas causas cristianas.

Luego, clasificará en orden de importancia esas causas, porque usted piensa que para que una democracia funcione uno tiene que ceder en algunas cosas. Así que decide que una causa es más importante que otras, por lo tanto podrá hacer la vista gorda con el fin de ser fiel a su causa.

Esto es lo que mis dos amigos han hecho. Un amigo ha decidido que la causa cristiana más importante es cuidar de los niños no nacidos y hace la vista gorda sobre todo los demás temas porque para él son secundarias. Mi amiga, por otro lado, decidió que la causa cristiana más importante es el cuidado de los pobres y de los oprimidos, así es que puede hacer la vista gorda en todo lo demás porque para ella es secundario. Así es que, aunque los dos son cristianos fuertemente comprometidas, si los pones juntos en una habitación, acabarán peleando con argumentos feroces sobre lo que cada uno considera la causa cristiana más importante.

Entonces, ¿cuál es en realidad la causa o el asunto más importante para un cristiano? ¿Es que las Escrituras, siendo nuestra autoridad, permiten otorgar todo el peso a una preferencia sobre una causa o la otra? Yo creo que sí. Usted se sorprenderá al leer esto, estoy seguro, pero creo que estamos teniendo la conversación incorrecta. Mis dos amigos, que son a la vez apasionados por Jesús, ambos se equivocan. Ambos están teniendo la conversación incorrecta.

CAPITULO 6. Jesús > Causas

El apóstol Pablo considera que hay una causa, que es la más importante de todas y que debe estar por encima de toda otra causa. La presenta en Filipenses 3: 7. Lo comparte en otros escritos, pero creo que en este pasaje lo hace de una manera muy llamativa:

"Pero todo lo que para mí era ganancia, lo he estimado como pérdida, por amor de Cristo. Y a decir verdad, incluso estimo todo como pérdida por la excelencia del conocimiento de Cristo Jesús, mi Señor. Por su amor lo he perdido todo, y lo veo como basura, para ganar a Cristo"

Pablo está diciendo que hay muchas materias en que podría interesarse o apasionarse. Hay mucho en donde podría invertir su tiempo, su esfuerzo, su energía y sus recursos. Todas esas causas podrían ser cosas buenas, pero él decide encauzar su tiempo, energía y pasión en una sola dirección, la cual es conocer a Cristo, ganar a Cristo.

El desarrolla esta hipérbole mostrando el contraste entre todo lo demás y "conocer a Cristo". Debido a su búsqueda de Cristo, porque él había decidido que eso era lo más importante en su vida, determina que todo lo demás "para mí es basura".

Estas líneas de Pablo en el Nuevo Testamento no fueron escritas originalmente en español, sino en griego. A veces, en las traducciones, se pierden algunos matices o parte de la potencia de la lengua original.

La palabra griega *skubalon* se traduce a menudo como basura o desecho en este pasaje de Filipenses. *Skubalon,* en realidad, es una palabra muy intensa. Las traducciones no le hacen justicia porque era una mala palabra del primer siglo que significaba excremento. La mejor traducción sería una palabra que nos enojamos cuando la utilizan nuestros hijos.

Pablo aquí es tan intensamente apasionado de Jesús, tan intensamente apasionado de una vida que centra en el Señor, a tal punto de considerar todo lo demás, comparado con Cristo, como *skubalon*. Él es un total apasionado de Cristo y la única manera en que puede transmitir esa idea es usando un lenguaje apasionado. Dice Pablo que en comparación con el conocimiento de Cristo todo lo demás es *skubalon*.

Para Pablo y para los primeros cristianos había una sola causa que los apasionaba profundamente, una causa que se elevaba por encima de todas las demás, por lo que estaban dispuestos a dar sus vidas y considerar todo lo demás como algo secundario. Esa causa era Jesús. Simplemente Jesús. Ellos no lucharon por causas asociadas con Jesús, y no fueron asuntos que se supondría que le preocuparan a Jesús. Se trata simplemente de Jesús. Todo lo demás era *skubalon*.

Mucha gente va a decir, bueno, sí, Jesús debe ser nuestra pasión y nuestro enfoque conductor, entonces vamos a preocuparnos también por cosas específicas, y estas cuestiones particulares van a ser las cosas en que nos enfocaremos y lo haremos en el nombre de Jesús. Pero no veo yo que esa es la manera en que Pablo o los primeros cristianos lo hicieron.

Hubo casos en que Pablo estuvo ante funcionarios del gobierno y podría haber hablado sobre todo lo que quería. Él podría haberles pedido cuentas sobre cualquier cosa. O podría haber planteado alguna preocupación o propuesto un tema de discusión. Cualquier cosa que él pensara que era importante para él o para Jesús, lo podría haber mencionado allí.

En Hechos 25:26, Pablo está ante funcionarios públicos. Podría haber hablado de cualquier cosa. ¿Sabe usted cuál fue el tema que planteó? Solamente habló de Jesús, y de Jesús resucitado de entre los muertos. Hechos 26: 28-29 dice lo siguiente:

> Agripa le respondió: «¿Con tan poco pretendes hacerme cristiano?»
> Y Pablo dijo: «Pues Dios quiera que, con poco o con mucho, no sólo tú sino también todos los que hoy me escuchan lleguen a ser como yo, ¡pero sin estas cadenas!».

Lo que Pablo dice en esencia es esto: "Mi única preocupación es que usted conozca a Jesús".

Había muchos temas importantes para los cristianos del primer siglo. Sin embargo, al estar ante funcionarios del gobierno había una sola cosa importante que mencionar: Jesús, porque para ellos, todo lo demás era *skubalon*.

Si iban a ofender al gobierno, entonces iba a ser por causa de Jesús, no por causa de asuntos variados. Si iban a ser encarcelados, iba a ser por causa de Jesús, no por temas. Si iban a ser objeto de burla o de ridículo, iba a ser por causa de Jesús, no por causa de otros problemas.

El libro de los Hechos termina con la historia de Pablo bajo arresto domiciliario. Al estar vigilado, mire cual es su enfoque y cuales son los asuntos en que se ocupa. Al final de Hechos 28 dice:

"Permaneció dos años enteros en una casa alquilada, y allí recibía a todos los que iban a verlo; y sin ningún temor ni impedimento les predicaba acerca del reino de Dios y les enseñaba acerca del Señor Jesucristo".

Entonces, ¿cuál es el tema que Pablo presenta sin ningún temor? Jesús y su reino.

Pablo pudo haber hablado sobre el encarcelamiento injusto de los cristianos, porque eso es lo que estaba sufriendo. Había sido injustamente encarcelado y se encontraba preso. Podría haber hablado de eso. El podría haber hecho de esa injusticia una causa hasta para morir. Quizás pudiera haber luchado para asegurarse de que los cristianos no serían encarcelados injustamente. Pero no lo hizo, para él ese no era un tema. Simplemente predica con audacia a Jesús y a su reino. No eligió hablar de temas que le preocupaban a los cristianos de ese tiempo. Él se centró solamente en la persona de Jesús. Para la iglesia primitiva no había otra causa sino la de Cristo.

Lo que hacemos a menudo con los temas candentes es afirmar que los cristianos deben preocuparse por algún asunto en particular. Por cierto, hay problemas en la derecha que los cristianos deben preocuparse, y hay problemas en la izquierda que los cristianos deben preocuparse. Los que son más importantes para usted suelen definirse por su ideología política, no por su teología.

Al decidir qué es lo más importante, si es Jesús o los temas, a menudo terminamos mezclando los dos. Lo que Pablo hizo frente a funcionarios del gobierno es que exhaltó a la persona de Jesús, no a los asuntos que pudieran asociarse con Jesús. La realidad es que a veces cuando ponemos más atención a los asuntos, es que alejamos a la gente de Jesús.

Tenemos que decidir qué es lo más importante para nosotros. ¿Tener la razón en nuestro punto de vista sobre un tema es lo más importante? ¿O lograr que Jesús sea conocido es lo más importante que el tema en cuestión? Si hay algo que debemos compartir, esto debe ser Jesús. Si usted va a ofender a alguien, es mejor que lo ofenda por causa de Jesucristo. Jesús es mucho más importante que sus prioridades o partidos políticos.

El seguir a Cristo demanda una lealtad exclusiva a él y no a su partido político o sus énfasis políticos. De hecho, si su lealtad es para Cristo y usted también es miembro de un partido político, debería haber cosas en su partido que deberían molestarle. Por ejemplo, los de derecha, deben preocuparse por la forma en que hablan de los inmigrantes. Cuando se utiliza un lenguaje que no refleja la importancia de que cada persona es creada en la imagen de Dios, usted debería enojarse.

Los de la izquierda, deben preocuparse por la forma en que valoran la elección individual sobre la vida humana por nacer. Debería molestarle que haya un desprecio por el valor inherente de cada vida. Dios le da valor a cada vida y nadie tiene el derecho de quitar ese valor.

Mientras más tiempo gasta defendiendo los puntos de vista y los temas preferidos de su partido, más se está perdiendo el testimonio

profético de lo que significa seguir a Jesús.
Seguir a Jesús significa que su lealtad es para él.
Significa que usted debe ser capaz de estar al
margen de algo, y no llegar a enredarse en algo
que no es capaz de denunciar porque no están
alineados con su lealtad a Jesucristo.

Nuestros puntos de vista políticos pueden
convertirse en el punto de observación a través
del cual vemos las Escrituras y la fe, y cuanto
más nos metemos en política, nuestra fe puede
llegar a ser sesgada por ese punto de vista. Lo
contrario también es cierto: su fe puede tener un
efecto sobre su política, y no siempre de la forma
en que usted lo esperaría.

En el 2007, la Universidad de Baylor publicó un
estudio que demostró que la frecuencia de la
lectura de la Biblia tiene un efecto sobre su
pensamiento político.1 El estudio encontró que a
mayor frecuencia de la lectura de la Biblia hay
menor probabilidades de coincidir con las
observaciones de cualquier partido político en
particular. Lo que es fascinante para mí es que a
mayor frecuencia de leer la Biblia, es más
probable que usted tenga algunos puntos de
vista que se consideran más conservadores
políticamente, pero también será más propenso a

tener algunos puntos de vista que se consideran más liberal políticamente.

El estudio descubrió que la lectura frecuente de la Biblia hace más probable que se oponga al aborto, lo cual se considera una idea más conservadora políticamente. También se descubrió, sin embargo, que si usted lee la Biblia con frecuencia tendrá un 45% más de inclinación a apoyar la abolición de la pena de muerte, lo cual es típicamente un punto de vista más liberal. En otras palabras, cuando nos involucramos en la lectura de las Escrituras y permitimos ser formados por ella en nuestra visión del mundo, terminamos en un lugar que ningún partido político nos puede representar adecuadamente.

Lo que suele suceder, sin embargo, es que nos apasionamos tanto con nuestro partido político y con los problemas políticos que terminamos poniéndolos en el lugar equivocado. Muchas veces hemos confundido a Jesús con nuestros asuntos y no son la misma cosa. De hecho, a menudo terminamos haciendo de nuestros temas políticos un ídolo.

Tim Keller, en su libro *Los Dioses Falsos*, define a un ídolo como "algo más importante para usted que Dios, cualquier cosa que absorba su corazón y su imaginación más que Dios, todo lo que busca darle a usted lo que sólo Dios puede darle". Un ídolo es "algo tan central y esencial en su vida que, en caso de perderlo, usted se sentiría como que casi no vale la pena vivir". Keller dice: "Los ídolos son cosas buenas que se convirtieron en cosas superiores".

Esto es lo que hacemos: Tomamos las cosas buenas y las hacemos el centro de nuestra vidas. 2

Algunos hacemos eso con nuestra familia. La familia es algo increíblemente bueno, pero cuando empieza a consumirle y usted lo convierte en el centro de su vida y todo gira en torno a su familia, usted ha hecho a su familia su ídolo.

Es posible convertir su trabajo en un ídolo, esto que es algo bueno en su vida, que le permite proveer para usted y su familia, pero en algún momento comienza a ser el centro de su vida. Con la misma facilidad su ideología política podría ser su ídolo. Su partido político puede convertirse en un ídolo, u otras cosas buenas y significativas que le interesan pueden llegar a ser ídolos.

Preocuparse por los niños no nacidos es un buen tema que puede convertirse en un ídolo. El cuidado de los más pobres y los oprimidos es un buen tema que puede convertirse en un ídolo. Los ídolos en nuestras vidas no son necesariamente cosas malas. Son cosas buenas que por lo general comienzan lentamente a tomar más y más importancia. Por el contrario, hacer de Jesús el centro de su vida es lo correcto. No es correcto poner en el centro de su vida los "temas" que usted cree que le preocupan a Jesús. Los temas y Jesús son dos cosas muy diferentes.

¿Qué opinaría la gente que le conoce sobre lo que le apasiona durante la temporada de elecciones? ¿Le apasiona que la gente vote a favor de algún punto que usted está apoyando? ¿Le apasiona lograr que su candidato sea elegido presidente, o le apasiona derrocar al que ahora preside? Sea lo que sea que a usted le apasiona, es probable que ya haya hecho un ídolo de esa pasión.

En general, no es algo malo lo que se transforma en un ídolo. Podría ser un asunto muy bueno o una muy buena causa, pero tan pronto como se adueña de usted, tan pronto como le comenzó a consumir su vida, ya se convirtió en un ídolo. Si para usted eso no se *skubalon,* comparado con Jesús, es probablemente un ídolo.

En un capítulo anterior hice referencia a la Propuesta 8 que iba en contra del matrimonio entre personas del mismo sexo. Recuerdo a los apasionados por la Proposición 8 que tenían propagandas en sus casas. Hablé con un par de personas y les pregunté, "Si ese cartel en su jardín alejara a la gente de Jesús, ¿estaría dispuesto a sacarlo?". Cada persona me respondió que no lo sacaría. Me trataron de explicar su razonamiento y agregaron: "No lo sacaría, porque estoy luchando por la verdad al poner esto en mi patio". Eso, amigos, es un ídolo.

La intención de Pablo no era escandalizar a la gente que no era de la iglesia con temas específicos. Pablo determinó que, si los iba a ofender, sería con la cruz de Cristo. Muchos de nosotros hemos confundido a Jesús con los temas. Desgraciada-mente hemos dicho que está bien ofender a la gente, siempre y cuando se trate de una buena razón. Creo que el apóstol Pablo no diría eso. No, no, no. Está bien que la gente se ofenda con la persona de Jesús, pero no con temas.

CAPITULO 7. *La moralidad y el seguir a Jesús*

La meta de la iglesia no es exportar la moral al resto de la sociedad. Nuestro objetivo como iglesia es ayudar al resto de la sociedad a encontrarse con Cristo resucitado. Por ejemplo, cuando hay listas de pecados en el Nuevo Testamento no están escritas para que usted vaya a imponerla a los que están fuera de la iglesia. Esas listas se escribieron para condenar a los que están en la iglesia.

Cada vez que encuentre una lista de pecados, vea que está escrita para un público específico, para una iglesia, con el fin de condenar a esa iglesia porque los miembros ya habían entregado sus vidas a Cristo y se sometían a él. En consecuencia, habían elegido vivir su vida de una manera determinada. Hemos elegido, como gente del reino, como seguidores de Jesús, someternos a la ética y a la moral del reino porque hemos sometido nuestras vidas a Cristo.

A veces estamos tratando de forzar a los demás a someterse a esa misma ética y moralidad cuando no están sometidos a Jesús. Pablo lo dice de esta manera en 1 Corintios 5:

"¿Con qué derecho podría yo juzgar a los de
afuera?"

A veces lo que sucede es que en nuestra pasión
por ciertos temas terminamos demandando que
las personas que están fuera de Cristo vivan
conforme a las normas de Cristo sin estar
entregados a él.

La iglesia no está llamada a ser la policía moral
de la sociedad. La iglesia está llamada a exigir a
su propio pueblo que viva la moral del reino, y
está llamada a buscar a los que están fuera de la
iglesia para que conozcan a Jesús. Con
demasiada frecuencia, en la forma de hacer
política, tratamos al resto de la sociedad como si
fueran la iglesia.

He discutido estas ideas con la gente y he
escuchado miles de respuestas. La gente me ha
dicho cosas como, "¿sabe cuál es su problema?
usted tiene miedo de ser ofensivo". Si usted me
conoce, sabe que no es ese mi caso. No tengo
miedo de ofender a la gente, pero si los voy a
ofender quiero que sea con las cosas correctas.

Llamarle la atención a la gente porque pecan y
exigir ciertos estándares de vida a los miembros
de la iglesia es correcto, y está bien que la iglesia

se ofenda por eso. El Nuevo Testamento no nos llama a ofender a los que están fuera de esas normas. Lo único con lo que podemos ofender a los de afuera es con la persona de Jesús: su muerte, su sepultura, su resurrección. Es Jesús, y su escandalosa gracia, lo que les debe ofender. Hemos confundido a Jesús con los temas.

Recuerde que el mayor conflicto que Jesús tenía era con los fariseos, es decir, los líderes religiosos de su tiempo. Los ofendió mucho porque él estaba hablando a personas que ya se habían suscrito a una cierta ética y código moral.

Pero ¿sabe usted quiénes se sintieron más atraídos a Jesús? Los recaudadores de impuestos y las prostitutas, es decir, las personas que eran consideradas pecadoras, los más alejado de la comunidad de Dios y a los que vivían contrariamente a lo que Dios quería. Lo que tenemos que hacer es mirar en nuestras iglesias hoy en día y preguntarnos si las personas que atraemos ¿son los mismos que Jesús atraía? La respuesta, por desgracia, es no.

Entonces, tenemos que preguntarnos ¿por qué es que la iglesia no atrae al mismo tipo de personas que Jesús atrajo? ¿Será que Jesús no tenía plataformas políticas contra ninguna persona?

Es extremadamente difícil que una persona se sienta atraída por la iglesia cuando esa iglesia activamente está en contra de ellos. Como ciudadanos del reino no debemos preguntarnos ¿cómo debemos votar? sino ¿cómo debemos vivir? Votar no cuesta nada, pero vivir una vida al estilo del reino sí cuesta.

CAPITULO 8. El modelo de la iglesia primitiva

El modelo que vale la pena considerar es el de la iglesia primitiva y la manera en la que se trataron los temas morales de la sociedad en su época.

Una de las causas más importantes, para la iglesia primitiva, era el tema del infanticidio. El autor John Ortberg se refiere a esto en su libro "¿Quién es este hombre?":

"En el mundo antiguo, los niños no deseados eran abandonados para morir, a esta práctica se le llamaba "exposición". El jefe de la familia tenía el derecho legal de decidir por la vida o la muerte de otros miembros de la familia. Esta decisión se hacía durante los primeros ocho días de vida. (Plutarco escribió que hasta ese momento el niño era considerado una mera planta en vez de un ser humano).

Ortberg sigue diciendo, "Las razones más comunes para exponer a un bebé eran la pobreza, o si una familia rica no quería dividir la herencia, o si el bebé era del género equivocado (generalmente una niña ...), o si el bebé era ilegítimo".

Las condiciones en las que los niños eran "expuestos" eran horribles. Se hacía de varias maneras. "Los niños abandonados se dejaban a menudo en un basural o en un estercolero. Casi todos morían, pero a veces eran rescatados con el fin de criarlos como esclavos".

A estos niños esclavos se les daba nombres insultantes equivalente a llamarlos estiércol de modo que la gente supiera su origen. Así eran marcados y llevaban estos nombres como cicatrices por el resto de sus vidas.1

El veinticinco por ciento de todos los niños nacidos durante este tiempo no llegaba a su primer cumpleaño, y el infanticidio era una práctica común y aceptada por todo el Imperio Romano. Los niños eran considerados objetos desechables en el primer siglo.

Para los primeros seguidores de Jesús, para estos primeros cristianos, esta práctica era inaceptable. Seguían a un Jesús que valoraba a los niños. Seguían al maestro que decía que cada persona era creada a imagen de Dios. Hay escritos de la iglesia primitiva que se remontan al siglo II, donde en la iglesia se prohibía la práctica del aborto y el infanticidio.2

Pero esto es lo que no existía en ese tiempo: No se encuentra una gran cantidad de politiquería sobre el tema. De hecho, es difícil encontrar algo de politiquería al respecto. No hay registros de cristianos ante el emperador discutiendo acerca de esta maldad. Cuando estaban ante el emperador seguían el ejemplo de Pablo y exaltaban a Jesús y a su resurrección.

A pesar de que creían que esto era un problema del cual Jesús se preocupaba, a pesar de que enseñaban sobre esto en sus iglesias, no mezclaban la exaltación de Jesús con un problema determinado. Esto fue lo que hicieron: Eligieron vivir de una manera que les era incómodo para mostrar preocupación por lo que valoraban. No entraban a la politiquería. No escribieron cartas al gobierno. No escribieron lo que en ese tiempo se podrían llamar "blogs" para hablar del tema. Prefirieron poner manos a la obra.

Lo que aquellos primeros cristianos comenzaron a hacer fue enseñar en sus iglesias el valor de los niños. Ortberg menciona que algunos líderes, como San Ambrosio de Milán, comenzaron a hablar no sólo del cuidado de los niños, sino también de la realidad de la pobreza, porque reconocieron que la pobreza a menudo destruye la capacidad de las personas para cuidar a los niños, y finalmente terminarían practicando la exposición.

Aquellos primeros cristianos se comprometieron totalmente con la visión del reino de Jesús, y mientras más y más eran arrastrados por esta visión del reino más y más comenzaron a vivirla. Los cristianos iban al basural a rescatar a los niños antes que llegaran los traficantes de esclavos. Rescataban a los niños y se los llevaban a sus propios hogares, sacrificándose ellos mismos para criar a esos niños como propios. 3 De hecho, algunos creen que Santiago, cuando escribe que la religión pura es cuidar de los huérfanos, se refiere directamente a esta práctica. Al saber de la carga financiera que esto creaba para algunas familias, e incluso entendiendo la relación entre la pobreza y la exposición de los niños, es que la iglesia comenzó a recoger dinero para distribuirlo entre los necesitados.

Esta hermosa comunidad emerge en donde la gente rescata a niños abandonados, sacrificándose para criarlos en sus casas. Donde los que tienen recursos ofrendan para ayudar a los que no tienen recursos; donde los que tienen más ayudan a los que tienen más presión económica al estar criando a estos niños.

Ninguno de estos esfuerzos se lograron cambiando las leyes. Ninguno de estos esfuerzos se centró en cambiar la actitud que el gobierno tenía hacia el infanticidio y la exposición, a pesar de que para los cristianos lo que estaba sucediendo era aborrecible. Su objetivo no fue cambiar las leyes o cambiar el gobierno, sino fue vivir el estilo de vida del reino al cual Jesús les había llamado, lo cual es mucho más difícil de hacer.

Comenzó a suceder algo muy interesante. Muy pronto se fundaron orfanatos, pues aumentaba el número de los que necesitaban ser atendidos. Los padres ya no dejaban a sus hijos en los basurales, sino que los traían a las puertas de los monasterios e iglesias y orfanatos porque los cristianos eran conocidos como la gente que cuidaba de estos niños no deseados.4

"A finales del siglo IV, un emperador cristiano prohibió la práctica de la exposición de niños en todo el imperio", 5 y esto no aconteció porque el tema tuviera una plataforma política ni porque los cristianos se hubieran unido para lograr derrotar la "exposición de niños" en un plebiscito. El cambio se logró porque los cristianos vivieron conforme al reino de Dios, se sacrificaron ellos mismos, murieron a sí mismos con el fin de llevar a cabo el sueño del reino, que poco a poco comenzó a infiltrar a la sociedad.6 Fue como la levadura que se abre paso en la masa.

Con el tiempo, la conciencia social colectiva hacia los niños comenzó a cambiar. La actitud cambió de tal manera que hoy se considera que esa era una práctica ridícula y terrible, y que no debería ocurrir jamás. Todo cambió porque la conciencia colectiva cambió lentamente con el tiempo.

Finalmente se promulgó una ley, no por causa de los grupos de presión, tampoco fue debido a las protestas, ni porque algunos pastores hubieran enviado a su gente a ejercer presión sobre el gobierno. Esto ocurrió porque poco a poco, con el tiempo, la postura de toda sociedad hacia los niños cambió a causa del testimonio del sacrificio con el que los cristianos vivían su fe.

Así es como crece el reino. Crece a través del servicio, el sacrificio y de la muerte. Y esto sucede lentamente. Pasaron cientos de años antes de que se aprobaron las leyes. No fue algo rápido porque ese no era el objetivo de los cristianos. Su objetivo no era cambiar las leyes, sino vivir de manera diferente. Como resultado, las leyes cambiaron, pero nunca fue ese el objetivo de los cristianos.

Hay una diferencia sutil pero significativa entre ambas ideas. Las leyes pueden terminar cambiando, pero ese no es nuestro objetivo, ni tampoco es nuestro grito de guerra. Jesús es nuestro grito de guerra y nuestra meta es vivir el estilo de su reino. A medida que lo hacemos, algunas leyes y posturas del gobierno cambiarán como consecuencia indirecta, pero muchas leyes seguirán igual. No es nuestro objetivo cambiar las leyes.

Cuando los primeros cristianos se presentaban ante el emperador, ante los reyes y funcionarios del gobierno, ellos pusieron en alto a Jesús, no ensalzaron temas particulares.

Los primeros cristianos eran realmente políticos de una manera peculiar, pero no en la forma en que se podría pensar de ellos hoy en día. Participaban de una manera mucho más subversiva. Los primeros cristianos tomaron prestado el lenguaje político para expresarlo qué significaba seguir a Jesús y cuan importante era ser leal a Él. 6

Los títulos que estaban reservadas para el César, el emperador, comenzaron a ser usados por los cristianos para referirse a Jesús, como por ejemplo el título "Señor". Cuando declaramos a Jesús como Señor, para los primeros cristianos era usar un título que estaba reservado para el César. De hecho, hay algunas líneas de propaganda política que se utilizaban para el César que los primeros cristianos comenzaron a utilizarlas para Jesús.7

Les cito un ejemplo. Había una frase que se usaba en las monedas del siglo I que decía: "No hay otro nombre bajo el cielo, por el cual los hombres pueden salvarse a excepción del nombre de César". Tal vez algunos de ustedes recordaron lo que los primeros cristianos dijeron en Hechos 4,

> "No se ha dado a la humanidad ningún otro nombre bajo el cielo mediante el cual podamos alcanzar la salvación".

Ellos no inventaron esa frase, sino que la tomaron de la propaganda política de su tiempo, sacaron el nombre de César y lo reemplazaron con el nombre de Jesús.8 Tomaron el lenguaje político y lo reemplazaron por Jesús. ¿Se da cuenta usted de lo increíblemente subversivo que es esto? Andaban por todos lados diciendo que "Jesús es nuestro gobernante. Es a él a quien seguimos. Él está por encima de todo, y él es mayor que cualquiera que ejerza el poder, porque todo lo demás es *skubalon*".

Varios han sugerido que la mejor manera de entender la frase "Jesús es el Señor" en la actualidad es decir "Jesús es el presidente," porque no estaban sencillamente diciendo que seguían a Jesús, sino que decían "Seguimos a Jesús en lugar de seguir a ..." Sigo a Jesús y él sustituye a ...

También en el Nuevo Testamento se encuentran frases como estas: Pablo dice en Filipenses 3, "Nuestra ciudadanía está en los cielos".

Tener a Jesús por encima de todo comenzó a tener numerosas implicaciones para ellos.

Considere lo que Jesús dice en Lucas 14:

"Si alguno viene a mí, y no odia a su padre y a su madre,

ni a su mujer y sus hijos, ni a sus hermanos y
hermanas,
y ni siquiera a su propia vida, no puede ser mi
discípulo".

Deje que estas palabras se decanten un poco.
Hoy es fácil escucharlas, pues hemos estado
expuesto a las Escrituras por mucho tiempo y
nos hemos acostumbrado a afirmaciones como
estas sin que provoquen en nosotros una fuerte
reacción. Ahora deje que el peso de lo que Jesús
está diciendo le pegue con fuerza en la cabeza.

"Si alguno viene a mí, y no odia a su padre y a su
madre, ni a su mujer y sus hijos, ni a sus
hermanos y hermanas, y ni siquiera a su propia
vida, no puede ser mi discípulo".

Este llamado a seguirlo es para que
consideremos todo lo demás como *skubalon*.

Esto es lo que entiendo que Jesús está diciendo:
Si le sigue, se requerirá tal abandono de todo lo
demás, tal búsqueda apasionada de él y de su
reino, que todo lo demás parecerá como si odiara
las relaciones más cercanas a usted. A causa de
su abandono de todo lo demás y, debido a su
búsqueda de Jesús, toda la gente que no tiene su
misma pasión lo vería de esa manera.

No creo que Jesús le esté diciendo a la gente literalmente que odie a sus padres, esposas e hijos, ya que en otras ocasiones Jesús dice lo contrario, dice que tenemos que honrar a los padres. No nos está diciendo que tratemos de odiar a los más cercanos, sino que lo que él está diciendo es, "síganme con tal pasión y abandono que todo lo demás va a parecer como que si lo odiaran".

Ahora bien, si esto es cierto en cuanto a las relaciones más cercanas, ¿no sería razonable que también fuera cierto con las relaciones más lejanas? ¿No podría, también, referirse a los vecinos o al trabajo? Jesús está diciendo, "si alguien me sigue y no aborrece a su propio puesto de trabajo, no puede ser mi discípulo". Algunos de ustedes no tendrían ningún problema en odiar su trabajo. Pero ¿podríamos seguir con la idea y poner en la frase a nuestro partido político? ¿Qué tal si dijéramos "Si algún conservador viene a mí y no odia a los conservadores, o si algún liberal viene en pos de mí y no odia a los liberales ...? Eso tendría sentido, porque si es verdad acerca de los que están más cercanos a nosotros, también tiene que ser verdad en cuanto a las relaciones que son menos cercanas a nosotros. ¿Podría usted seguir adelante con esta declaración y pensar que incluso puede ser verdad en cuanto a su país? "Si alguno viene a mí y no aborrece a su propio país, no puede ser mi discípulo".

Me llama la atención que cuando he dicho esto en los sermones, la mayoría de la gente ha tenido una reacción visceral. Tal vez usted mismo se sintió mal cuando lo leyó.

Me llama la atención, porque para la mayoría de los cristianos está bien que Jesús diga: "Odie a su padre y a su madre". Estamos de acuerdo con Jesús cuando dice: "Odie a su esposa y a sus hijos, a sus hermanos y a sus hermanas". Nos parece bien que Jesús diga: "Odie incluso a su propia vida", pero reaccionan con enojo si insertamos la palabra "país" (no importa el nombre del país) en esa misma frase.

Si de alguna manera eso le molesta, tal vez usted tiene que preguntarse por qué. ¿Por qué estamos de acuerdo con Jesús que diga que odiemos a los más cercanos a nosotros, pero si sustituimos "los más cercanos" con "nuestro país", nos molestamos? ¿No será que hemos hecho de nuestro país un ídolo? Jesús no sólo es mayor que los temas y los asuntos, sino que también es mayor que su país.

Pareciera que en cualquier elección en nuestros países se espera que los candidatos enfaticen enormemente el carácter extraordinario del país. En el 2012 el candidato Mitt Romney dijo que Estados Unidos era la esperanza de la tierra y el presidente Barack Obama dijo que Estados Unidos era la única nación indispensable. Déjeme preguntar esto: ¿Es esa una postura que tiene al reino de Dios como prioridad, o es una postura que pone al país en primer lugar?

Una postura basada en el reino declara que Jesús es la única esperanza de la tierra. Una postura basada en el reino de Dios proclama que el reino es la única cosa indispensable. Antes de que me citen mal por todo el Internet, déjenme decirles que no creo que Jesús está diciendo que odiemos a nuestro país, pero sí creo que lo que está diciendo es que si buscamos a él con absoluto abandono y pasión, entonces, para los que le buscan con la misma pasión, les parecerá como si odiáremos las cosas más cercanas a nosotros, y todo lo demás sería para nosotros *skubalon*.

¿En Dios confiamos?

CONCLUSION. La unidad en Cristo

En el siglo II, un hombre llamado Mathetes, que no era cristiano, escribió una carta a Diogneto, que tampoco era cristiano. Los dos estaban manteniendo correspondencia tratando de entender a los cristianos. La carta que ha sobrevivido se llama la Epístola de Mathetes. Básicamente lo que dice es esto:

> "Los cristianos no se distinguen de los demás hombres, ni por el lugar en el que viven, ni por su lenguaje, ni por sus costumbres… Viven en ciudades griegas y bárbaras, según les cupo en suerte, siguen las costumbres de los habitantes del país, tanto en el vestir como en todo su estilo de vida y, sin embargo, dan muestras de un tenor de vida admirable y, a juicio de todos, increíble. Habitan en su propia patria, pero como forasteros; toman parte en todo como ciudadanos, pero lo soportan todo como extranjeros; toda tierra extraña es patria para ellos, pero están en toda patria como en tierra extraña".

Los cristianos estaban, ante todo, unidos en su identidad en Cristo sin dejar que las fronteras geopolíticas les dividieran. Estaban, ante todo, unidos como hermanos y hermanas en Cristo con una ciudadanía que trascendía las fronteras nacionales artificiales. El reino de Dios no tiene fronteras nacionales.

No hay tal cosa, en el Nuevo Testamento, que se llame "una nación cristiana". No me importa si los padres pretendían que así fuera o no. No es tema de debate para mí. La discusión para mí, considerando la Biblia como mi autoridad, es saber si el Nuevo Testamento habla acerca de alguna nación cristiana. No hay tal mención. La única nación cristiana que habla el Nuevo Testamento es el Reino de Dios, el cual sobrepasa las fronteras geográficas y las trasciende.

Así que lo que hace el reino, cuando uno busca la voluntad de Jesús, es derribar todas las fronteras. El reino nos une en Cristo y las demás cosas nos dividen, pues para nosotros, en primer lugar está Cristo, todo lo demás es *skubalon*. Antes de ser norteamericanos, estamos unidos en Cristo. Antes de ser derechistas o izquierdistas estamos unidos en Cristo. Estamos unidos en Cristo antes de apoyar el libre mercado o de ser comunistas o socialistas.

Antes de nada y primero que todo, estamos unidos a Cristo.

Con demasiada frecuencia la política se infiltra en la iglesia y nos divide. Nos separamos de nuestros hermanos y hermanas que viven en otros países o que tienen una ideología política diferente. Este asunto no es un problema nuevo. El apóstol Pablo tuvo que lidiar con las divisiones en la iglesia del primer siglo. En una carta a la iglesia en Corinto, escribe,

> "En primer lugar, oigo que cuando se reúnen como iglesia
> hay divisiones entre ustedes, y en cierta medida lo creo".

Las divisiones de las que habla son divisiones socioeconómicas. Había una brecha en la iglesia entre pobres y ricos. Los ricos pisoteaban a los pobres y de esa manera dividían la iglesia de Corinto. Tenían gente rica y tenían gente pobre, pero no estaban unidos en Cristo. Estaban unidos en torno a aspectos socioeconómicos.

Y continúa hablando sobre la práctica de la Comunión o la Cena del Señor,

"Así que cualquiera que coma este pan o beba esta copa del Señor de manera indigna, será culpado del cuerpo (la iglesia) y de la sangre del Señor. Por tanto, cada uno de ustedes debe examinarse a sí mismo antes de comer el pan y de beber de la copa. Porque el que come y bebe de manera indigna, y sin discernir el cuerpo del Señor, come y bebe para su propio castigo". (1 Corintios 11).

Lo que sucedía en Corinto era que los ricos tomaban primero la comunión, se lo servían todo y no quedaba nada para los pobres. Pablo les dijo que era inaceptable que comieran el pan y bebieran la copa habiendo divisiones en el cuerpo, porque primeramente debemos unirnos como hermanos y hermanas en Cristo y no dividirnos por asuntos creados por el hombre.

Cuando Pablo escribe con un duro lenguaje acerca de comer y beber de la copa indignamente, cuando habla de comer y beber de una manera que traerá juicio, él no está hablando acerca de pecados personales. De lo que está hablando es de las divisiones dentro del cuerpo. Él dice: "Lo que están haciendo es comer y beber juicio sobre ustedes mismos pues, al tomar la Cena del Señor, mantienen las divisiones dentro del cuerpo".

Si usted crea divisiones dentro del cuerpo de Cristo, está comiendo y bebiendo la copa indignamente. Si usted tiene animosidad hacia sus hermanos y hermanas en Cristo que son izquierdistas, o derechistas, o del centro político, o tiene diferencias con los que son indiferentes y simplemente no se preocupan por el proceso político, entonces usted está comiendo el pan y bebiendo de la copa indignamente.

Antes de ser un patriota, antes de ser un liberal, antes de ser un conservador, antes de ser socialista, antes de ser ecologista, antes de ser indiferente, antes de ser cualquiera de estas cosas, soy ciudadano del reino de Dios. Me uniré a mis hermanos y hermanas en Cristo y no permitiré la división por estos temas.

La belleza de la iglesia es que estamos unidos en primer lugar con Cristo y no permitimos dividirnos sobre otros asuntos. El pan y la copa son estos emblemas increíblemente subversivos con los cuales decimos que estamos unidos con Cristo y con los hermanos y hermanas en Cristo en forma radical. Todo lo demás es *skubalon*.

¿En Dios confiamos?

APENDICE

UNA ORACION

Quiero concluir este libro con una oración. Mi esperanza es que esta oración sea útil en cada temporada de elecciones. Cuando usted se de cuenta de que está excesivamente centrado en la política, que esta oración puede usarse para volver a enfocarse. Cuando esté frustrado porque tuvo una fuerte discusión política con un amigo, o porque los resultados de la elección no fueron de su gusto, tal vez esta oración le será útil. Quizás usted todavía está tratando de entender cuál es el papel de la fe en la política, y a medida que participa en estos asuntos, que esta oración pueda ser una guía para usted.

"Dios,

Ayúdame a ser alguien que busca lo que tú deseas, y de la manera que tú quieres que yo lo busque. Abre mi mente y mi corazón para descubrirlo.

Decido poner mi esperanza en ti. Reconozco que todos los sistemas de gobierno fallan, por lo que opto buscar primeramente, no el reino de mi país, sino el reino de Dios. Ayúdame a vivir motivado por el amor y no por el miedo.

*Que mi prioridad sea señalar a la gente hacia Jesús.
Por favor, revélame y pon convicción en mí sobre las
áreas de mi vida en donde mi compromiso y celo por
asuntos políticos ha obstaculizado el exaltar a Jesús.*

Bendice a los líderes con los que estoy de acuerdo.

Bendice a los líderes con los que no estoy de acuerdo.

*Que sus vidas y sus familias experimenten la
bendición de vivir bajo tu cuidado.*

*Perdóname por aquellos líderes a los que les he faltado
el respeto.*

*Por esos líderes contra quienes tengo un corazón
duro, suaviza mi corazón.*

*En los lugares en donde he permitido que mis puntos
de vista políticos levanten paredes entre mis
hermanos y hermanas en Cristo ¿podrías, por favor,
derribar esos muros? Muéstrame donde tengo que
buscar la reconciliación y enséñame cómo vivir en
unidad con mis hermanos en la fe.*

*Jesús, venga tu reino, hágase tu voluntad en la tierra
como en el cielo.*

Amén".

SOBRE EL AUTOR

Mike Goldsworthy sirve como el pastor principal de la Iglesia Cristiana Parkcrest en Long Beach, California. Además de servir a esta iglesia, Mike es el co-fundador de *PlantLB*, un esfuerzo de plantación de iglesias que es multi étnico, multi denominacional y centrado en la ciudad de Long Beach y sus alrededores. Ha estado casado con Allison por 17 años y tienen dos hijos, Isaac y Kate. Con frecuencia hacen excursionismo, acampan, andan en bicicleta y juegan juegos de mesa.

BIBLIOGRAFIA

A Nation of Drunkards: Prohibition--A Film by Ken Burns and Lynn Novick. PBS, 2011.

A Nation of Scofflaws: Prohibition--A Film by Ken Burns and Lynn Novick. PBS, 2011.

A Nation of Scofflaws: Prohibition--A Film by Ken Burns and Lynn Novick. PBS, 2011.

Bartholomew, Craig G. *A Royal Priesthood?: The Use of the Bible Ethically and Politically.* Grand Rapids, MI: Zondervan, 2002.

Blocker, Jack S., David M. Fahey, and Ian R. Tyrrell. *Alcohol and Temperance in Modern History: An International Encyclopedia.* Santa Barbara, CA: ABC-CLIO, 2003.

Boyd, Gregory A. *The Myth of a Christian Nation: How the Quest for Political Power Is Destroying the Church.* Grand Rapids, MI: Zondervan, 2005.

Engdahl, Sylvia. *Amendments XVIII and XXI: Prohibition and Repeal.* Farmington Hills, MI: Greenhaven Press, 2009.

Fox, Robin Lane. *Pagans and Christians.* New York: Knopf, 1987.

Franzen, Aaron B. "Survey: Frequent Bible Reading Can Turn You Liberal." ChristianityToday.com. October 12, 2011. Accessed January 30, 2016. http://www.christianitytoday.com/ct/2011/october/survey-bible-reading-liberal.html.

Gonza'lez, Justo L. *The Story of Christianity*. San Francisco: Harper & Row, 1984.

Keller, Timothy. *Counterfeit Gods: The Empty Promises of Money, Sex, and Power, and the Only Hope That Matters*. New York: Dutton, 2009.

Lewis, Ted. *Electing Not to Vote: Christian Reflections on Reasons for Not Voting*. Eugene, OR: Cascade Books, 2008.

McCullough, David G. *John Adams*. New York: Simon & Schuster, 2001.

Ortberg, John. *Who Is This Man?: The Unpredictable Impact of the Inescapable Jesus*. Grand Rapids, MI: Zondervan, 2012.

Scherer, Michael. "Blue Truth, Red Truth." *Time*, October 03, 2012.

Thomas, Cal, and Ed Dobson. *Blinded by Might: Can the Religious Right Save America?* Grand Rapids, MI: Zondervan Pub. House, 1999.

NOTAS

Introducción
1. Scherer, "Blue Truth, Red Truth."

Capítulo. 2
1. Thomas and Dobson, *Blinded by Might*.
2. Boyd, *The Myth of a Christian Nation*, 18.
3. González, *The Story of Christianity*, 374-375.
4, 5, 6. Burns and Novick, "Prohibition."
7. Blocker, Fahey, Tyrrell, *Alcohol and Temperance in Modern History*.
8. Engdahl, *Amendments XVIII and XXI: Prohibition and Repeal*.
9. http://www.celebraterecovery.com.
10. Lewis, *Electing Not to Vote*.

Capítulo 3
1. McCullough, *John Addams*
2. Scherer, "Blue Truth, Red Truth."

Capítulo 4
1. Ortberg, *Who Is This Man?*.
2. http://www.carloswhittaker.com

Capítulo 6
1. Franzen, "Survey: Frequent Bible Reading Can Turn You Liberal."

Capítulo 8
1. Ortberg, *Who Is This Man?*.

2.	See The Didache, or *"The Teaching of the Twelve Apostles."*

3, 4, 5. Ortberg, *Who Is This Man?*

6.	Fox, *Pagans and Christians.*

7, 8. Bartholomew, *A Royal Priesthood?.*